AF595155

LES RÊVEURS ÉVEILLÉS,

PARADE MAGNÉTIQUE EN UN ACTE,

MÊLÉE DE VAUDEVILLES;

PAR MM. JOSEPH PAIN ET ***.

REPRÉSENTÉE, pour la première fois, à Paris, sur LE THÉATRE DU VAUDEVILLE, le 30 Janvier 1813.

PRIX : 1 fr. 25 c.

PARIS,

Chez Mlle. LECOUVREUR, Libraire, Éditeur de Pièces de Théâtres, galerie et porte du Théâtre Français, rue de Richelieu.

DE L'IMPRIMERIE DE HOCQUET.

1813.

PERSONNAGES.	ACTEURS.
M. DESSIMAGRÉES.	M. *Edouard.*
Mad. LADORLOTERIE.	Mad. *Duchaume.*
HENRI, jeune Médecin des armées.	M. *Seveste.*
CAROLINE, nièce de Mad. Ladorloterie.	Mlle. *Betzi.*
LEVEILLÉ, valet de Dessimagrées.	M. *Laporte.*
THOMAS, jardinier du même.	M. *Fichet.*
Un Notaire.	
Villageois et Villageoises.	

La scène est au château de M. Dessimagrées, à quelques lieues de Malines.

COUPLET D'ANNONCE.

Ce soir, nous magnétisons ; que dis-je ? nous *somnambulisons.*

Air : *Une Fille est un oiseau.*

Notre art endort à loisir,
Non pas ceux dont l'indulgence
A nos jeux, sans conséquence,
Daigne prendre du plaisir :
Mais certain censeur sévère
Qui, se glissant au parterre,
Blame toute œuvre légère,
Et nous juge avec humeur...
Montrez-le moi.. qu'il sommeille,
Et tout au plus ne s'éveille
Que pour demander l'auteur.

LES

RÊVEURS ÉVEILLÉS,

PARADE MAGNÉTIQUE EN UN ACTE.

Le Théâtre représente un jardin ; au fond un grand baquet au milieu duquel s'élève un crochet de fer d'où partent plusieurs cordes. Un orme d'un côté du Théâtre, un charme de l'autre, d'où pendent également des cordes.

SCÈNE PREMIÈRE.

THOMAS, *un pot de fleur à la main, à la cantonnade.*

Quand j' vous disons que vous ne pouvez pas entrer... Monsieur n'est pas encore visible... c' n'est pas l'heure : on ne dort ici qu'à midi.. allez vous coucher, (*s'avançant*) m'est avis qu' ces gens-là sont aussi fous qu' not' maître, et c' n'est pas peu dire... c'est pourtant un brave homme qu' monsieur Des Simagrées ; mais d' puis qu'il s'est mis son magnétiss ' en tête, c'est comme une maladie ! quoi !...

Air : *Je loge au quatrième étage.*

On ne croirait jamais, je gage,
Si tout l'monde ici n'devait l' voir,
D' quel beau moyen il fait usage
Pour prouver qu'il a du savoir,

A chacun il fait faire un somme.
Et, comme tous les charlatans,
Afin d' paraît' un habile homme,
Il faut qu'il endorme les gens.

Il magnétise ses domestiques, ses troupeaux, ses dindons... tout l' monde, quoi !.. il magnétiserait le diable !.. encore s'il n'en voulait qu'aux bêtes, mais j' vous demandons un peu c' que l' y a fait mon jardin... mes quatre poiriers en quenouilles; je voulions les empailler à cause de la gelée blanche. Il m'en a empêché... il les a magnétisés hier soir.. il ont gelé cette nuit.. et cette bouture d'hortensia... qui avait pris comme un charme... il m'a défendu d'l'arroser..

SCENE II.

THOMAS, CAROLINE.

THOMAS.

C'te pauv' p'tit' plante.. ell' jette un beau coton.

CAROLINE.

Ah ! te voilà Thomas.

THOMAS, *sans voir Caroline.*

C'est comm' mam'selle Caroline.

CAROLINE.

Que dis-tu de moi !

THOMAS.

Ah ! j' pensions à vous, mam'selle, en r'gardant c'te fleur qui dépérit...

CAROLINE.

La comparaison est flatteuse.

THOMAS.

V'là comme j' l'entendons:

Air : *Tenez, moi, je suis un bon homme.*

Mon maît' magnétise c' te plante ;
Mon maît' avec vous veut s'unir;
Comme vous, elle était charmante,
Comme elle, vous allez languir ;

Où la fraicheur du matin brille ;
La vieilless' n' doit rien essayer ,
A jeune plante , à jeune fille ,
Il n' faut qu'un jeune jardinier.

CAROLINE.

Il paraît que tu n'as pas perdu ta gaîté.

THOMAS.

Vous voyez, je n' sommes pas pus triste que quand j'étions au service de vot' tante, la respectable madame la Dorlotterie. Dame !... c'était le bon tems... pour nous deux !...

CAROLINE.

Pour nous deux !...

THOMAS.

Vous savez bien ?... y a-t-il long-tems que vous n'avez reçu de ses nouvelles ?...

CAROLINE.

De qui donc ?

THOMAS.

De qui ?.. tiens, est-ce que M. Dessimagrées vous l'aurait fait oublier ?

CAROLINE

Explique-toi.

THOMAS.

Eh ! pardine, ce jeune médecin des armées qui était si joli garçon.

CAROLINE.

Mais tu ne l'as jamais vu.

THOMAS.

Ah ! vous y v'là, mademoiselle, c'est vrai, je n' l'ons pas vu ; jarni ! comme il écrivait bien ?...

CAROLINE.

Tu aurais lu ses lettres ?

THOMAS.

Est-ce que je n'allions pas les chercher à la poste ? « A » mam'selle, mam'selle Caroline de St.-Val, au chateau » de la Dorlotterie, près Malines, poste restante. » Ah ! il avait un fier style.

CAROLINE.

Ce cher Hènri!

Air : *Du fleuve de la vie.*

Pour charmer les maux de l'absence,
Prenant la plume chaque jour,
D'un mot il peignait sa constance,
D'un mot il consolait l'amour.
Dans ses messages de tendresse
Toujours la vérité parlait :
Je t'aime était dans le billet.

THOMAS.

Et vot' nom sur l'adresse.

CAROLINE

Hélas ! mon pauvre Thomas, depuis ton départ, je n'en ai reçu qu'une lettre...

THOMAS.

Comment, mam'selle, depuis trois mois que j'avons quitté le service de vot' tante pour entrer ici, il ne vous a écrit qu'une fois!

CAROLINE.

Ah ! mon dieu oui. Il m'avait annoncé son retour, et j'espérais que, grace à son avancement, ma tante ne s'opserait plus à notre mariage. Tu ne sais pas, Thomas, il s'est parfaitement comporté. Il a obtenu des récompenses, des décorations...

THOMAS.

Ce serait ben le cas d'arriver avec tout çà.

CAROLINE

Serait-il encore tems ?... M. Dessimagrées a pris tant d'empire sur l'esprit de ma tante! il a promis de la guérir, par le magnétisme, de tous les maux qu'elle n'a pas.

THOMAS.

C'te maladie lui dure donc toujours.

CAROLINE.

Oh! elle est incurable :

Air : *Vaudeville de Partie Carrée.*

Depuis quinze ans, hélas ! ma pauvre tante
Se croit sans cesse au moment de mourir ;
Depuis quinze ans, chaque jour mieux portante,
Elle perd l'espoir de guérir.
A ce triste état condamnée,
Ayant fatigué leurs talens,
Des médecins, elle est abandonnée.

THOMAS.

Elle vivra long-tems. (*bis.*)

CAROLINE.

Aussi, a-t-elle recours à M. Dessimagrées ; dans les fréquentes visites qu'il nous a rendues depuis qu'il a acheté ce château voisin du nôtre, il lui a fait partager son enthousiasme pour son système, et comme il prétend qu'il ne peut faire ses essais que chez lui, nous y sommes depuis hier: s'il réussit ce matin près de ma tante, il m'épouse ce soir.

THOMAS.

De façon qu'il fait aujourd'hui ses grandes expériences. Ah ! vous en verrez de belles !

Air : *Si Pauline est dans l'indigence.*

Pour rend' ses succès manifestes,
Et j'ter d'la poudre aux yeux des sots,
Il fait d'abord de certains gestes,
Ensuite il dit de certains mots ;
Au sommeil i gnia pus d'obstacle,
Tout aussitôt qu'il a parlé.

CAROLINE.

En l'écoutant, le vrai miracle
Serait de rester éveillé.

Mais j'entends la voix de ma tante.

SCENE III.

Les Mêmes, Mad. LADORLOTTERIE.

Mad. LADORLOTTERIE.

Caroline ! Caroline ! qu'est-ce que vous faites donc ici ?

(*à Thomas*) Bon jour, Thomas. (*à Caroline*) Est-ce comme cela que vous venez à mon secours !

CAROLINE.

Qu'avez-vous donc, ma tante ?

Mad. LADORLOTTERIE.

Et la clé de mon nécessaire...

CAROLINE, *la dénouant de son mouchoir.*

La voici; je l'avais prise par mégarde.

Mad. LADORLOTTERIE.

Air : *Vaud. de l'Opéra-Comique.*

Vous me fuyez comme un éclair,
Sans secours faut-il que je meure ;
Mes sels, mes flaçons, mon éther...;
Je les cherche depuis une heure.
J'étais dans un trouble fatal ;
Enfin jusqu'à trois fois, ma chère,
Je n'ai pas pu me trouver mal,
Faute du nécessaire.

THOMAS.

A çà près, madame, m'est avis que vous vous portez bien.

Mad. LADORLOTTERIE.

De mal en pis, mon pauvre Thomas; toujours faible et languissante... Où est ton maître ?

THOMAS.

Dans son laboratoire, où c' qui magnétise les bouteilles qu'il doit mettre dans son baquet, que voilà.

Mad. LADORLOTTERIE.

Et le fameux somnambule ? le verrai-je aujourd'hui ? dort-il encore ?

THOMAS.

Ce coquin de Léveillé ?

CAROLINE.

Est-il vrai qu'il soit tojours en somnambulisme ?

THOMAS.

Lui ! pas plus que vous et moi... et la société.

Mad. LADORLOTTERIE.

Comment donc ?

THOMAS.

C'est plutôt lui qui endort notre maître. Quand j' vous l' disons, morgué ! c'est qu' j'en sommes ben sûr. Tenez, pas pus tard qu'hier.

Air : *Vaudeville de Figaro.*

Pendant qu' monsieur, qu'il enjôle,
Vous contait ses biaux exploits,
Dans la cave j'ons vu l' drôle
Se glisser en tapinois.
J'ons vu q' laissant là son rôle
Il humectait le lampas.
Oh ! l' coquin ne dormait pas.

Mad. LADORLOTTERIE.

Tu en parles par envie, mon garçon.

THOMAS.

Oh ! ce n'est pas tout.

Même air.

L'vin li montant à la tête,
I trouv' Lis' que j' courtisons.
V' là qu'au passage il l'arrête,
Avec d' certaines façons.
Il veut brusquer la conquête
D' la future de Thomas...
Et l' coquin ne dormait pas.

Mad. LADORLOTTERIE.

Vision de jaloux. (*On entend la ritournelle de l'air suivant.*)

CAROLINE.

Quel est ce bruit ?

SCENE IV.

Les Mêmes, M. DESSIMAGRÉES, Villageois et Villageoises.

CHŒUR.

Air : *Eh ! gai, gai, gai.*

Eh gai, gai, nous voici tous
D'avance
A la séance;

Eh gai, gai, gai, nous voilà tous,
De grâce, endormez-nous.

UNE VIEILLE.

Du tems qui nous réforme
J' subis enfin la loi ;
Monsieur fait' donc que j'dorme,
Quand tout dort près de moi.

CHŒUR.

Eh gai, gai, etc.

UNE JEUNE FILLE.

Pour un' course lointaine
Mon amant vient d' partir,
Jusqu'à ce qu'il revienne,
Tâchez de m'endormir.

CHŒUR.

Eh gai, gai, etc.

UN VIEUX VILLAGEOIS.

Not' femme nous moleste
Et s' plaint d' moi, dieu merci !
All' dit que j' dormons d' reste ;
Fait'-la dormir aussi.

CHŒUR.

Eh gai, gai, etc.

M. DESSIMAGRÉES.

C'est bon, c'est bon. Avez-vous votre catéchisme magnétique ?

LE CHOEUR.

Oui, oui. (*Ils lèvent leur livret.*)

M. DESSIMAGRÉES.

Eh bien! remettez-le dans vos poches ; vous voyez que je n'ai pas ma baguette de verre. Ma séance est remise jusqu'à ce soir, par indisposition subite de mon somnambule.

Mad. LADORLOTTERIE.

Que lui est-il donc arrivé ?

M. DESSIMAGRÉES.

Il vient de s'endormir naturellement. (*Aux villageois,*

qui se disposent à sortir.) Restez-là... voyons si vous êtes à la réplique.

LE CHŒUR.

Nous y sommes, nous y sommes.

M. DESSIMAGRÉES.

Air : *La boulangère a des écus.*

Quand maint novateur nous séduit
Par le charlatanisme,
La vérité seule nous luit
Dans le somnambulisme;
Où trouver son divin fanal?
C'est dans le magnétisme.

LE CHŒUR.

Animal.

M. DESSIMAGRÉES.

C'est dans le magnétisme.

Du corps humain pour démêler
Le secret mécanisme,
A tous les yeux pour dévoiler
Les lois du fatalisme,
Quel est l'oracle sans égal?
Celui du magnétisme.

CHŒUR.

Animal.

M. DESSIMAGRÉES.

Celui du magnétisme.

Par lui vous pourrez braver tous,
Catarrhe et rhumatisme,
Goutte, gravelle, fièvre, toux
Tétanos, anévrisme.
Le préservatif de tout mal,
Ah! c'est le magnétisme.

CHŒUR ET M. DESSIMAGRÉES.

Animal;
Ah! c'est le magnétisme.

M. DESSIMAGRÉES.

Vous répondez fort juste; allez vous-en et revenez ce soir, d'autant plus que j'espère que nous aurons de l'orage.

Air : *Avec les jeux dans le village.*

Pour mon système magnétique,
J'aime que le ciel soit couvert,
Du sein d'un nuage électrique
L'espoir du succès m'est offert.
Je me sers avec avantage
Du désordre des élémens,
Et, dans le moment de l'orage,
Je fais la pluie et le beau tems.

CHŒUR.

C'est dans le moment de l'orage
Qu'il fait la pluie et le beau tems.

(*Les Villageois sortent avec Thomas.*)

SCENE V.

M. DESSIMAGRÉES, Mad. LADORLOTTERIE, CAROLINE.

Mad. LADORLOTTERIE.

C'est étonnant ! c'est admirable !

M. DESSIMAGRÉES.

Vous en verrez bien d'autres ; attendez ma séance.

Mad. LADORLOTTERIE.

De grace, expliquez-moi tout cet imposant appareil.

M. DESSIMAGRÉES.

Le moment n'est pas venu ; chaque chose a son tems.

Air : *J'ai vu par tout dans mes voyages.*

De mes instans, sage économe,
J'en consacre un à mon ardeur.
On sait que pour être un grand homme,
On n'en porte pas moins un cœur.
Enivré d'un doux fanatisme,
Souffrez que j'accorde, en ce jour,
Avec l'amour du magnétisme,
Le magnétisme de l'amour.

(*Il baise la main de Caroline.*)

CAROLINE.

Mais, Monsieur, c'est à ma tante que vous devez tous vos soins.

Mad. LADORLOTTERIE.

Oui, il faut d'abord guérir mes maux de nerfs et mes vapeurs ; la main de ma nièce est à ce prix.

M. DESSIMAGRÉES.

Dès-lors mon mariage est certain. Ah ! quel bonheur pour un disciple de Mesmer, de se mettre en rapport avec la charmante Caroline.

Mad. LADORLOTTERIE.

Prenez-y garde, M. Dessimagrées, vous ne la connaissez pas.

Air : *Quelles craintes étaient les vôtres.*

Rebelle au joug de la science,
D'ignorer elle s'applaudit ;
Les conseils de l'expérience,
Sur elle n'ont aucun crédit ;
Il vous faudra, je le soupçonne,
Sur son esprit faire un effort ;
Jamais ma nièce avec personne,
N'a voulu se mettre en rapport.

DESSIMAGRÉES.

Cela viendra... laissez-moi faire... le savoir et la beauté sont faits pour sympathiser ; et d'ailleurs, c'est un jeu, pour mon art, de mettre en rapport les choses les plus éloignées.

CAROLINE.

Ah ! monsieur !

Air : *Au soin que je prends de ma gloire.*

En rapport mettez donc en France
L'esprit et la simplicité ;
Le malheur et la bienfaisance,
La fortune et la probité.
Les talens et la réussite,
L'amour et la fidelité,
La faveur et le vrai mérite,
La critique et la vérité.

M. DESSIMAGRÉES.

Notre science ne va pas jusques-là.

Mad. LADORLOTTERIE.

Et le somnambule, est-ce qu'il ne s'éveillera pas ?

M. DESSIMAGRÉES.

Je vais voir : mais que nous veut Thomas ?

SCENE VI.

Les Mêmes, THOMAS.

THOMAS.

Air : *De la fanfare de Saint Cloud.*

Un homme vêtu de sorte
Qu'on n'sait s'il est jeune ou vieux,
Vient s' présenter à vot' porte,
Pour etre admis en ces lieux.
Etranger par son langage,
Aussi bien qu' par son habit,
C'est un docteux, je le gage;
On n'entend rien à c' qui dit.

M. DESSIMAGRÉES.

Qu'il soit le bien venu.

THOMAS.

J'allons le chercher: *(Il sort.)*

Mad. LADORLOTTERIE.

Nous vous laissons.

M. DESSIMAGRÉES.

Pardon, mes dames, mais je me dois aux progrès des lumières, j'irai vous rejoindre.

Mad. LADORLOTTERIE.

Je vais prendre la crème de tartre et la potasse que vous m'avez ordonnées pour mes nerfs.

M. DESSIMAGRÉES.

Dans de l'eau magnétisée.

CAROLINE, *à part en sortant.*

Pauvre Henri, quel rival on te donne !

SCENE VII.

M. DESSIMAGRÉES, HENRI en médecin allemand, THOMAS.

HENRI.

Air : *Serviteur à M. Lafleur.*

Serviteur,
Grand magnétiseur.

M. DESSIMAGRÉES.

Docteur,
Vous me faites honneur;
Assurément, beaucoup d'honneur.

ENSEMBLE

Serviteur,
Monsieur le docteur,
Grand magnétiseur.

HENRI.

Jusqu'au fond de la Germanie,
Du magnétisme heureux berceau,
Les éclairs de votre génie
Ont fait éclore un jour nouveau.
Une très-noble Académie
Vous donne droit de bourgeoisie

Serviteur, etc.

(Il remet à M. Dessimagrées un diplôme couvert de cachets et de rubans.)

Vous voyez en quels termes honorables ce diplôme s'exprime sur votre compte.

M. DESSIMAGRÉES.

Assurément, rien n'est plus flatteur... je suis comblé.. (*à part.*) quel dommage de ne pas entendre l'allemand... (*à Henri.*) et le nom de votre académie ?

HENRI.

Le nom... Kirschberchtotfaxen...

M. DESSIMAGRÉES.

Ah... Kirsch... ta... fem... c'est charmant...

THOMAS.

Jarni!... voilà un joli nom.

HENRI.

Je suis chancelier à vie de ladite académie, et par son ordre je viens conférer avec vous.

M. DESSIMAGRÉES.

Vous me voyez enchanté d'appartenir à une société aussi justement célèbre, et dont le nom est aussi généra-sement connu que celui de l'académie de Kirch... bert...

HENRI.

Tot faxen. (*Ils se saluent encore.*)

M. DESSIMAGRÉES.

Ah! çà, comment gouvernez-vous le magnétisme dans votre pays? ici nous faisons des miracles. Thomas, visite le baquet et arrange ce que je vais te dire. Nous guérissons tous les malades et nous aimons (*à Thomas*) la bouteille. Et nous aimons aimons à soulager l'humanité. Chaque jour nouvelle découverte et nous montrons (*à Thomas*) la corde; et nous montrons à l'univers surpris que pour mener les hommes, il ne faut que (*à Thomas*) la baguette; il ne faut tout simplement qu'un génie supérieur et de vastes connaissances. (*Thomas sort.*)

HENRI.

C'est ce qu'on cherche toujours chez vous.. maintenant oserais-je vous demander comment vous administrez le magnétisme?

DESSIMAGRÉES.

C'est selon les sujets.

Air: *Voulant par ses œuvres complettes.*

De méthode changeant sans cesse,
Pour rendre mon succès plus sûr,
Je parle aux sens de la jeunesse,
A la raison de l'age mûr.
J'excite ou calme la tempête,
Sans jamais blesser la pudeur;
Des amans, je touche le cœur,
Des maris, j'attaque la tête.

HENRI.

De sorte que vous prenez chacun par son faible, c'est aussi ma manière; je suis capable pour en faire autant avec vous.

DESSIMAGRÉES.

J'y compte bien.

HENRI.

Mais où est donc votre atelier?

DESSIMAGRÉES.

Ici même.

Air: *La parole.*

Ce jardin soumis à mes lois
Est le théâtre des miracles;
Les somnambules à ma voix,
Parlent tous comme des oracles.

HENRI.

Des gens d'esprit les moindre mots
Ont quelque chose d'assez drôle;
Mais, dans le cours de vos travaux,
Lorsque vous endormez les sots,
Pourquoi leur laisser (*bis*) la parole. (*bis.*)

DESSIMAGRÉES.

Je ne peux pas faire taire tout le monde; au reste, vous entendrez mon somnambule par excellence, c'est un certain Léveillé..

HENRI, *à part.*

Léveillé!

M. DESSIMAGRÉES.

Un de mes valets en qui j'ai reconnu les caractères du somnambulisme; il dort depuis cinq jours.

HENRI.

Je serai content beaucoup de le voir.

M DESSIMAGRÉES.

Thomas! (*à Henri.*) il suffit de ma volonté pour le faire venir de lui-même. (*Thomas entre.*)

HENRI.

Ah! oui, le pouvoir magnétique...

M. DESSIMAGRÉES.

C'est cela, le pouvoir magnétique. Thomas, va chercher Léveillé, et moi je vais avertir deux dames qui sont venues pour le consulter et avec qui je veux vous faire faire connaissance. (*Il sort en courant.*)

THOMAS.

Ecoutez donc not' maître, que j'vous dise...

SCÈNE VIII.

HENRI, *seul.*

Ah! ah! ah! ah!... on m'avait bien dit que mon rival était plus malade que ceux dont il veut être le médecin. La bonne dupe! il prend soin de m'amener lui-même ma chère Caroline. J'espère qu'elle et sa tante ne me reconnaîtront pas, jusqu'au moment où je pourrai me déclarer. Mais à travers l'incognitò quel plaisir je vais goûter!

Air : *Adieu, je vous fuis, bois charmant.*

Près de l'objet de mon ardeur,
Après un pénible voyage,
Je viens retrouver le bonheur;
L'amour m'en offre le présage.
Cet aimable magnétiseur,
Pour encourager la constance,
Mit, comme agens, dans notre cœur,
Et le désir et l'espérance. (*bis.*)

Mais ce Léveillé dont on me parle... Serait-ce ce fripon que j'ai connu autrefois... Justement! je le reconnais.

SCENE IX.

HENRI, LÉVEILLÉ.

HENRI.

M. Léveillé je vais vous metrre en rapport avec moi. (*Il fait des signes, Léveillé reste les yeux fixes.*)

Air : *Oui, M. le Bailly.*

Vous êtes somnambule ?

LÉVEILLÉ.

Je le suis, sur l'honneur.

HENRI.

Moi, je suis incrédule.

LÉVEILLÉ.

Monsieur, c'est une erreur.

HENRI.

En vous je vois paraitre...

LÉVEILLÉ.

Votre humble serviteur.

HENRI.

Un fripon passé maitre.

LÉVEILLÉ.

Vous êtes un docteur.

HENRI.

Etes-vous somnambule de naissance ?

LÉVEILLÉ.

Oui, grâce au magnétisme.

HENRI.

Quand vous réveillerez-vous?

LÉVEILLÉ.

Quand il plaira à celui qui me fait dormir.

HENRI.

Prenez-y garde.

Air :

Par le moyen de sa baguette,
Le magnetisme vous endort.
En main j'ai certaine recette
Dont l'effet est plus sûr encor ;
Si la sienne endort à merveille
Les gens qui de veiller sont las,
La mienne en un instant réveille
Les coquins qui ne dorment pas.

LÉVEILLÉ.

Ce n'est pas moi.

HENRI.

Vous résistez à cet argument?

LÉVEILLÉ.

Un somnambule est à l'épreuve des coups du sort.

HENRI.

Et du bâton?... (*à part*) Continuons.

Air : *Vaudeville des deux Edmon.*

Jadis, dans une grande ville,
Ton esprit, en ruse fertile,
Des amans était le soutien.

LÉVEILLÉ.

Je m'en souvien.

HENRI.

Pour prix de mainte fourberie,
Par fois un jaloux, en furie,
Sur ton dos essaya son bras.

LÉVEILLÉ.

Je ne m'en souviens pas.

HENRI, *à part.*

Voyons s'il résistera aux détails.

Même air.

Un soir, c'était, je crois, à Rome,
Tu vins au secours d'un jeune homme
Qu'avaient terrassé deux vauriens.

LÉVEILLÉ.

Je m'en souviens.

HENRI.

Sa bourse était encore à terre;
Alors, te payant ton salaire,
Avec l'argent tu décampas.

LÉVEILLÉ.

Je ne m'en souviens pas.

(*A part*) A mon tour. (*haut*) Monsieur le docteur.

Même air.

Tout en guérissant leurs migraines,
Aux belles vous donniez des chaînes;
Triompher pour vous n'était rien.

HENRI.

Je m'en souvien.

LÉVEILLÉ.

A certain honnête émissaire,
Qui vous servit dans une affaire,
Vous aviez promis vingt ducats.

HENRI.

Je ne m'en souviens pas.

Ecoute. (*Lui faisant sonner sa bourse à l'oreille.*) Il n'y a pas de ducats-là dedans; mais il s'y trouve vingt napoléons... Monsieur veut-il se réveiller?

LÉVEILLÉ, *prenant la bourse*

En sursaut.

HENRI.

Ah çà! que fais-tu donc ici?

LÉVEILLÉ.

Ce que j'ai fait par-tout; je léve un impôt sur la sottise au profit de l'industrie.

Air : *De haine aux femmes.*

Je dors, je mange et digère;
Je dors, je parle et je bois,
Je dors et veille à la fois;
Ici mon unique affaire
Est de n'avoir rien à faire...
Est-il un plus doux emploi?
Je suis heureux comme un roi.
Pour moi le somnambulisme
Est un commerce excellent;
Voilà comme, en magnétisme,
Le bien nous vient en dormant.

Mais vous, monsieur, pourquoi ce déguisement? que cherchez-vous ici?

HENRI.

Celle que j'aime, la charmante Caroline.

LÉVEILLÉ.

La future de M. Dessimagrées?

HENRI.

Elle-même. J'arrive de l'armée; le grade de médecin en chef que je viens d'obtenir, les décorations que j'ai l'honneur de porter, me donnaient enfin l'espérance d'avoir la main de Caroline. En descendant au château de sa tante, j'apprends qu'elle est chez M. Dessimagrées, auquel elle se propose d'unir sa nièce. Pour me cacher aux yeux de mon rival et de Mad. Ladorlotterie, je prends ce déguisement, je suis venu, j'ai vu...

LÉVEILLÉ.

Et vous vaincrez... Je suis payé d'avance; comptez sur mon zèle. M. Dessimagrées n'épousera Caroline, que s'il guérit sa tante; or, la tante ne sera pas guérie, parce qu'elle n'est pas malade. Il faut la dégoûter de la méthode de mon maître. On me consultera comme somnambule, et je répondrai comme il faut.

HENRI.

Puis-je te seconder?

LÉVEILLÉ.

Laissez-moi faire seulement... On vient... je redors.

SCENE X.

Les Mêmes, Mad. LADORLOTTERIE, CAROLINE.

Mad. LADORLOTTERIE.

Eh bien! eh bien! on dit que le somnambule est ici!

Air : *Ah! que je sens d'impatience.*

Ah! que je sens d'impatience,
Et combien mon cœur est jaloux
D'en obtenir une audience!

(à Henri et à Léveillé.)

Monsieur, est-ce vous? est-ce vous?
Depuis long-tems je brûle
D'entendre un somnambule;
Combien tout ce qu'il dit
A de crédit!
L'homme
Qui parle, même en somme
Partout est certain du succès,
Chacun court après;
Il a des secrets,
Pour tous nos projets,
Et pour nos souhaits
Ses moyens sont prêts;
Et mais *(ter.)*

Il dort, on le questionne; il répond, sans se faire prier.

C'est comme
S'il ne dormait jamais.

(Pendant ce couplet, Henri fait à Caroline des signes qu'elle ne comprend pas.)

CAROLINE *à part.*

Que me veut donc cette grotesque figure?

HENRI, *à Mad. Ladorlotterie, qui va de son côté.*

Madame, c'est à monsieur qu'il faut vous adresser. Il est somnambule, et *(appuyant, en regardant Caroline)* je ne suis que médecin.

Mad. LADORLOTTERIE.

Ah, monsieur, que j'avais besoin de vous!... J'ai des maux de nerfs, des vapeurs, des insomnies; je viens dans l'instant encore, d'avoir une faiblesse. Consultez, imaginez, ordonnez, guérissez... voilà le moment de se montrer.

HENRI, *à Caroline, qui s'est un peu rapprochée.*

Je suis Henri.

Air: *du duo du Prisonnier.*

CAROLINE.

O ciel! (*bis*) dois-je en croire mes yeux? (*bis*)

LÉVEILLÉ, *à Mad. Ladorlotterie.*

Qu'avez-vous donc, ma belle dame?

Mad. LADORLOTTERIE.

Je sens déjà que je suis mieux.

CAROLINE.

L'espoir est rentré dans mon âme.

HENRI, *à Caroline.*

Ce jour doit combler tous nos vœux.

Mad. LADORLOTTERIE, *à Léveillé*, HENRI et CAROLINE, *ensemble.*

Doux effet de votre présence!

LÉVEILLÉ.

Doux effet de la confiance!

Ensemble.
HENRI, CAROLINE.
Mon cœur palpite en la voyant.
Mad. LA DORLOTTERIE, LÉVEILLÉ.
Mon mal se calme en vous parlant!
Son me

Mad. LADORLOTTERIE.

Monsieur, qu'est-ce qui vous fait agir dans le somnambulisme?

CAROLINE, *à Henri.*

Qui vous ramène près de moi?

LÉVEILLÉ, *à Mad. Ladorlotterie.*

Le sens intérieur.

HENRI, *à Caroline.*

C'est l'amour le plus tendre.

Mad. LADORLOTTERIE.

J'ai beaucoup entendu parler du sens intérieur. On ne me l'a jamais fait connaître; expliquez-le moi.

LÉVEILLÉ.

Voici ce que c'est:

Air: *Du partage de la richesse.*

Chez les coquettes le caprice,
La bonne foi chez les maris,
Chez les courtisans l'artifice,
Et l'orgueil chez les beaux esprits;
Chez les prudes la médisance,
L'intérêt chez les financiers,
Chez nos merveilleux l'ignorance
Et la valeur chez nos guerriers.

Mad. LADORLOTTERIE.

Vous m'alarmez; je ne trouve pas le mien dans tout cela.... c'est peut-être ma maladie.... que faut-il prendre?...

HENRI, *répondant à Caroline.*

Courage et patience.

LÉVEILLÉ, *à madame Ladorlotterie.*

Deux onces de crême de tartre, avec un scrupule de potasse dans de l'eau magnétisée.

Mad. LADORLOTTERIE.

Ah! monsieur, je n'en ai que trop pris. Tout-à-l'heure encore, monsieur Dessimagrées vient de m'en administrer une dose dont j'ai pensé mourir. Ordonnez-moi quelque chose de mieux, je vous prie.

SCENE XI.

Les Précédens, THOMAS, peu après M. DESSIMAGRÉES.

THOMAS.

Je précède M. Dessimagrées, ne vous impatientez pas, la séance va commencer.... Le voici.

M. DESSIMAGRÉES, *à deux valets.*

Posez-là ce canapé.

(*Des valets le placent à droite du spectateur.*)

Pardon, mesdames, et vous, docteur, de vous avoir fait attendre.. Je viens de secourir l'humanité souffrante ; enfin je suis à vous.

HENRI.

Nous avons tenu compagnie à votre somnambule, il nous a dit des choses superbes.

M. DESSIMAGRÉES.

Ce n'est rien encore ; attendez ma séance ; justement voici tout notre monde.

SCENE XII.

Les Mêmes, Villageois, Villageoises, ensuite un Notaire.

LE CHOEUR.

Air.

Près d'vous, monsieur, nous venons en ceslieux
Pour profiter de vot' science nouvelle,
Et pour chercher dans c' baquet merveilleux
La médecine universelle.

M. DESSIMAGRÉES.

Elle vous attend, mes amis, elle vous attend; vous ne pouviez choisir un instant plus propice. L'atmosphère est chargée d'électricité.. le tems calme, les courans multipliés, tout annonce une expérience magnifique. Je touche au moment du succès, et vous savez, madame, quel en doit être le prix.

Mad. LADORLOTTERIE.

Je tiendrai ma promesse, quand vous aurez tenu la vôtre.

M. DESSIMAGRÉES.

Voyons, placez-vous. (*Chacun se place, chaque villageois s'entoure d'une corde, en se donnant la main.*) Mettez-vous en contact.

Air : *Des fraises.*

Pour voir arriver tout droit,
La magique secousse,
Il ne faut, en cet endroit,
Que toucher le petit doigt...

THOMAS.

Et l' pouce. (*ter.*)

M. DESSIMAGRÉES.

Attention : je commence.

Air : *Croyez vous à la magie.*

Sentez-vous le magnétisme ?

UN PAYSAN.

Qui ? moi, non.

LES AUTRES.

Ni moi. (10 *fois*)

DESSIMAGRÉES.

Est-on en somnambulisme?

UN PAYSAN.

Qui? moi, non.

LES AUTRES.

Ni moi. (10 *fois.*)

Ensemble.

M. DESSIMAGRÉES et LES AUTRES.

Je n'y comprends rien, ma foi.

LES PAYSANS.

Je ne sens rien, sur ma foi.

M. DESSIMAGRÉES.

Je m'y perds.

Air : *Amusez-vous, trémoussez-vous.*

Hé quoi! c'est en vain que j'invite
Chacun au sommeil;
Est-il rien de pareil !...
Amis, suivez donc mon conseil...
Endormez-vous,
Endormez-vous,
Endormez-vous (*3 fois.*) vite,
Endormez-vous, préservez-moi donc
D'un tel affront.

Mad. LADORLOTTERIE.

Eh bien, monsieur Dessimagrées, vous ne les endormez pas.

M. DESSIMAGRÉES.

C'est incroyable. Ordinairement je n'ai qu'à parler. Je vois qu'il faut avoir recours au grand moyen. Les arbres sont les corps les plus propres à recevoir et à transmettre l'action magnétique, surtout le chêne : je n'en ai pas. L'orme ; en voici un : le charme de ce côté. (*montrant le côté où est Caroline.*)

(*Aux paysans, qui quittent le baquet.*)

Attendez-moi tous sous l'orme. Et vous, docteur, avec l'aimable Caroline...

CAROLINE *à part*

Je tremble.

M. DESSIMAGRÉES.

Air : *Consultons nos registres*

N'ayez aucune alarme;
Ensemble allez par-là.
Mettez-vous sous le charme,

LES DEUX AMANS.

Nous y sommes déjà.

DESSIMAGRÉES.

De cet arbre salutaire,
Le magnétisme subtil
Sur vous deux opère-t-il ?

LES DEUX AMANS.

Le charme opère.

M. DESSIMAGRÉES.

Vite, le notaire.

Mad. LADORLOTTERIE.

J'y consens. (*Thomas sort.*)

M. DESSIMAGRÉES.

Je triomphe enfin !

LÉVEILLÉ.

(*A part*) Pas encore, voici le moment de la crise. (*haut*) Faites silence, le somnambulisme m'éclaire : attention.

Mad. LADORLOTTERIE.

Le somnambule parle... silence.

DESSIMAGRÉES.

Succès complet !

LÉVEILLÉ, *d'un ton solennel.*

Que mademoiselle Caroline et le docteur soient placés sur le canapé magnétique... Ils vont tomber en somnambulisme et par eux l'avenir va se dévoiler.

(*M. Dessimagrées les conduit sur le canapé.*)

M. DESSIMAGRÉES.

Non... jamais somnambule ne s'est trompé.

LÉVEILLÉ *de même.*

Le docteur va prédire le sort de madame Ladorlotterie et mademoiselle Caroline va prophétiser les destins de M. Dessimagrées.

Mad. LADORLOTTERIE.

O bonheur !

M. DESSIMAGRÉES.

O! triomphe ! ne troublez pas les inspirations du somnambulisme. (*Les jeunes gens sont sur le canapé.*)

CAROLINE.

Air : *Prenons d'abord l'air bien méchant.*

Que vois-je ! ô ciel ! à quel danger
Aujourdhui se livre ma tante !

HENRI.

Ah ! craignez de m'interroger
Sur l'hymen qui fait votre attente.

M. DESSIMAGRÉES.

N'importe expliquez-vous toujours.

Mad. LA DORLOTTERIE.

Dissipez ma frayeur mortelle.

Mad. LA DORLOTTERIE, M. DESSIMAGRÉES.

Vous ne pouvez pas être sourds,
Quand notre danger vous appelle.

HENRI.

Une tante respectable projette un mariage.

Mad. LADORLOTTERIE.

Respectable... c'est moi.

CAROLINE.

Un savant veut se marier.

M. DESSIMAGRÉES.

Un savant... me voilà.

HENRI.

Si ce mariage s'accomplit, elle ne sera jamais guérie de ses vapeurs.

Mad. LADORLOTTERIE.

Ah ! mon Dieu !

CAROLINE

Si le magnétiseur me possède, il perdra l'esprit.

M. DESSIMAGRÉES.

Pas possible.

HENRI.

Il n'y a qu'un moyen de détourner ces malheurs.

Mad. LADORLOTTERIE.

Lequel ?

CAROLINE.

Il faut qu'un étranger consente à recevoir ma main.

M. DESSIMAGRÉES.

Eh ! bien, elle dit comme lui !

Mad. LADORLOTTERIE.

Même air.

Vous triomphez : à quel danger
Vient nous ravir votre systême !

M. DESSIMAGRÉES.

Vous plaisantez : cet étranger
N'obtiendra pas celle que j'aime.

Mad. LA DORLOTTERIE.

Aux lois de votre art, en ce jour,
Vous même serez-vous rebelle ?
Vous ne pouvez pas être sourd,
Quand votre salut nous appelle.

(Thomas amene le notaire.)

Mad. LADORLOTTERIE.

Eh ! bien, M. Dessimagrées, votre système triomphe !

M. DESSIMAGRÉES.

Oui, madame, mon système va aux nues et mon mariage va au diable.

Mad. LADORLOTTERIE.

Que vous devez être satisfai !

M. DESSIMAGRÉES.

Je reste muet de ravissement. (*à part*) J'étouffe de fureur.

LÉVEILLÉ.

Mettez le notaire à l'ouvrage.

Mad. LADORLOTTERIE.

C'est juste.

M. DESSIMAGRÉES.

Comment, madame, sérieusement ! vous allez les marier ?

Mad. LADORLOTTERIE.

Vraiment je n'ai garde d'y manquer. J'ai trop de respect pour votre système, votre merveilleux système.

M. DESSIMAGRÉES.

Mon merveilleux systême... ah ! oui c'est vrai.

Mad. LADORLOTTERIE.

M. le Notaire, écrivez qu'il y a promesse de mariage entre Caroline de St.-Val et M. le Docteur... Je ne sais pas son nom.

LEVEILLÉ.

C'est au somnambule à le porter lui-même sur le contrat.

Mad. LADORLOTTERIE.

Fort bien. Mettez M. le Docteur en blanc. Les conditions seront les mêmes que pour M. Dessimagrées.

LE CHOEUR.

Air : *Vive Henri quatre.*

Du magnétisme
O triomphe éclatant !
Le fatalisme
Les inspire en dormant.
Dessimagrées,
Tes leçons en tout tems
Seront révérées
Par nous, par nos enfans.

LE NOTAIRE, *se levant.*

Il n'y a plus qu'à signer.

Mad. LADORLOTTERIE, *après avir signé.*

Mais ne faut-il pas les éveiller ?

LÉVEILLÉ.

Ils doivent signer en état de somnambulisme.

Mad. LADORLOTTERIE.

A votre tour, M. Dessimagrées.

M. DESSIMAGRÉES.

Vous moquez-vous, madame ?... Moi, signer au contrat de mon rival ?...

HENRI.

M. Dessimagrées doit signer comme témoin.

M. DESSIMAGRÉES.

Au diable !... Ceci est une mystification... tout le monde me trompe ici.

THOMAS.

Et vous, tout le premier, not' maître.

M. DESSIMAGRÉES, *fesant un cercle avec sa bdguette.*

Allons, réveillez-vous tous.

CAROLINE, *feignant de se réveiller.*

Comment, c'est vous, monsieur Dessimagrées !

M. DESSIMAGRÉES.

Parlez, mademoiselle... comment avez-vous pu consentir à épouser le docteur ? un inconnu ?...

CAROLINE.

Moi, monsieur ?... c'est que je dormais.

DESSIMAGRÉES, *à Henri.*

Et vous, monsieur, comment avez-vous pu vous prêter ?...

HENRI.

Moi, monsieur ?... je dormais.

DESSIMAGRÉES, *à Mad Ladorlotterie.*

Et vous, madame, pourquoi les avez-vous unis ?

Mad. LADORLOTTERIE.

Pouvais-je faire autrement ?... ils dormaient.

M. DESSIMAGRÉES, *à Leveillé.*

Et toi, coquin, pourquoi m'as-tu conseillé de les endormir ?

LÉVEILLÉ.

Monsieur, c'est que je dormais.

M. DESSIMAGRÉES.

Cela n'est pas vrai.

LÉVEILLÉ.

Un instant, monsieur. Si je ne dormais pas, votre système est faux ; et si je dormais, vous devez avouer tout ce que j'ai fait... Choisissez...

M. DESSIMAGRÉES.

Oh ! quel embarras !

HENRI.

Au reste, monsieur, félicitez-vous... Si le magnétisme n'endort pas, il fait mieux ; il rajeunit. Je n'étais tout-à-l'heure qu'un vieux docteur allemand ; maintenant, je suis Henri, jeune médecin français.

Mad. LADORLOTTERIE.

Que vois-je !

M. DESSIMAGRÉES.

Vous ne venez donc ici ?...

HENRI.

Que pour retrouver celle que j'aime et juger votre rare savoir. J'ai réussi dans mes deux projets.

M. DESSIMAGRÉES.

O ciel ! le magnétisme ne serait-il qu'une chimère ?

VAUDEVILLE.

Air :

En reproduisant un système
Dont j'ignore la vérité,
Certain magnétiseur qu'on aime
Veut secourir l'humanité ;
Si, lorsqu'il nous fait faire un somme,
Il erre, en voulant nous sauver,
C'est le rêve d'un honnête homme :
Chacun ainsi devrait rêver.

HENRI.

On croit sa fortune éternelle,
On croit son ouvrage excellent ;
L'époux croit sa femme fidèle,
Le père croit son fils charmant ;
On croit à l'amitié des hommes,
Sans intrigue on croit s'élever ;
Enfin, dans le siècle où nous sommes,
On passe son tems à rêver.

L'ÉVEILLÉ.

Agnès a seize ans : elle rêve ;
Les jolis rêves qu'elle fait !
Mais bientôt son hymen s'achève ;
Son époux est vieux et mal fait.
Le bonheur qui fait son envie,
Agnès veut envain le trouver ;
Ah ! dit-elle, toute ma vie
Serai-je réduite à rêver ?

THOMAS.

L'amour est un fripon qui grille
D'attraper son frère l'hymen ;
Grande fête dans la famille,
Un nouveau né paraît soudain.
Chacun d'eux, en criant victoire,
Se dit père sans le prouver ;
L'amour a raison de le croire,
L'hymen fait bien de le rêver.

CAROLINE, *au Public.*

En écrivant ce badinage,
Sur un système assez plaisant,
On n'a pas cru faire un ouvrage,
Mais vous amuser un moment.
Pour des scènes sans conséquence,
Où l'on ne prétend rien prouver,
Nous comptions sur votre indulgence ;
N'aurions nous fait que la rêver ?

FIN.

www.ingramcontent.com/pod-product-compliance
Lightning Source LLC
LaVergne TN
LVHW050224180726
843501LV00013BA/2524